# ARGENTAN

## ET SES ENVIRONS

## Durant la Ligue

PAR

## Louis DUVAL

Archiviste du département de l'Orne

ARGENTAN

IMPRIMERIE DU " JOURNAL DE L'ORNE "

Rue du Collége

—

1897

# ARGENTAN ET SES ENVIRONS

## Durant la Ligue

# ARGENTAN

## ET SES ENVIRONS

### Durant la Ligue

PAR

## Louis DUVAL

Archiviste du département de l'Orne

ARGENTAN

IMPRIMERIE DU " JOURNAL DE L'ORNE "

Rue du Collège

1897

# ARGENTAN ET SES ENVIRONS

## durant la Ligue

On sait dans quel état se trouvait la France à la fin du règne des Valois. La Réforme avait ouvert une véritable crise politique et sociale, et les bandes de Montgommery et de Coligny n'avaient pas plus respecté les propriétés que les personnes, les œuvres d'art que les églises et les maisons religieuses. Le désordre était partout, dans le gouvernement, dans l'armée, dans les finances, et la royauté elle-même avait perdu le prestige reconquis par Charles IX, qui deux fois visita notre province, et séjourna même à Argentan au mois d'août 1563 et au mois de juin 1570. Les mœurs et la politique italiennes, adoptées par Henri III, étaient antipathiques aux Français ; son alliance avec les Protestants avait achevé de le rendre absolument impopulaire. De là était née la Ligue ou Sainte-Union pour la défense des intérêts catholiques menacés.

La Ligue avait apporté un nouvel élément de division. Elle comptait un certain nombre d'adhérents parmi la bourgeoisie des villes de la Normandie, témoins des excès commis par les Calvinistes. Ceux d'Argentan, d'esprit assez pondéré, paraissent avoir tenu, durant cette période critique, une conduite assez sage. Ils avaient pris eux-mêmes, en 1566, l'initiative de réformer certains abus vraiment scandaleux signalés dans l'administration du culte et même dans la conduite du clergé paroissial. Ces abus, comme le fait remarquer Thomas Prouverre, avaient été une des causes des progrès de l'hérésie et c'est ce qui provoqua « l'ire de Dieu ». Cette réflexion est elle-même une preuve du bon esprit des Argentanais, de leur attachement sincère et profond à l'Eglise et de leur éloignement de toute espèce d'excès. Ces excellentes dispositions leur furent d'une grande utilité dans les circonstances difficiles qu'ils eurent à traverser.

C'est à Argentan que l'évêque de Sées, Louis du Moulinet, avait trouvé un asile, au mois de mars 1568, lorsqu'il s'était vu menacé par les Calvinistes, et il s'y était tenu enfermé jusqu'au mois de septembre suivant où il fut obligé de s'enfuir jusqu'à Caen. Le lendemain de son départ, Montgommery se présenta devant Argentan pour s'en emparer, mais il fut repoussé par les habitants, ayant à leur tête MM. Rouxel de Médavy, de Rabo-danges, d'Avesgo, et autres gentilshommes, venus au secours de la ville. Les Huguenots, pour se venger de cet échec, avaient brûlé le château de Fleuré, appartenant à l'évêque de Sées, l'église de Vrigny et plusieurs autres ; ils mirent la cathédrale et l'abbaye de Saint-Martin-de-Sées au pillage et firent beaucoup de ravages à Mortagne.

Depuis 1586, la vicomté d'Argentan appartenait à Marguerite de Lorraine, belle-sœur de Henri III, veuve du duc de Joyeuse, amiral de France, tué à Coutras où il commandait l'armée royale envoyée pour combattre les Protestants conduits par Henri IV.

La duchesse de Joyeuse avait fondé pour son époux un obit dans l'église des Dominicains d'Argentan et plus tard elle accepta la dédicace d'une œuvre littéraire (1) sortie de la plume d'un écrivain argentanais, Jacques Hérembert, sieur de la Rivière, lieutenant criminel au bailliage (2).

La duchesse de Joyeuse possédait également, par engagement, la vicomté de Domfront. Nous ignorons si, comme à Argentan, elle y a laissé quelques souvenirs. Ce qui est certain, c'est que Domfront embrassa le parti de la Ligue, comme tout le Passais et le Maine, tandis qu'Argentan resta royaliste quand même. Falaise, Sées, Essay, Mortagne et Verneuil étaient également au pouvoir des Ligueurs. Argentan, dès le 13 avril 1585, avait bien été occupé par le duc d'Elbeuf, partisan de la Ligue, mais Odet de Matignon, comte de Thorigny, lieutenant-général en Normandie, l'en avait chassé le 20 mai suivant et y avait formé quatre compagnies de bourgeois, armés de mousquets et de grenades, pour garder les quatre portes. M. de Vieux-Pont avait été nommé gouverneur, avec M. du Perron, pour lieutenant, et Maurice d'Avesgo, écuyer, sieur du Valheureux, pour capitaine du château.

A la fin de 1588 cependant, Argentan retomba au pouvoir des Ligueurs et le comte de Brissac y établit pour gouverneur M. du Bois-Moizy, qui s'y maintint jusqu'au mois de décembre de l'année suivante. C'est lui qui fit démolir quarante marches du clocher de l'église de Saint-Martin, sous prétexte que l'ennemi pourrait s'en servir pour tirer sur le donjon. A ce moment la panique fut grande à Argentan et l'on fit porter chez M. d'Argentelles le coffre contenant les papiers du trésor de Saint-Martin, dans la crainte qu'ils ne fussent pillés. Une déclaration passée devant notaire, par Maurice Trolley, greffier du bailliage à Argentan, nous apprend que :

Les soldats du chevalier Piquard, estant pour lors avec ledit sieur de Brissac, avoient rompu les huis de la maison dudit Trolley, greffier, entré en icelle, prins et emporté ses procès et registres, tant civils

---

(1) *Les aventureuses et fortunées amours de Pendion et d'Yonice*, tirées *des anciens auteurs Grecs*, Rouen, 1599, in-8°.

(2) *Revue Normande et Percheronne illustrée*, t. IV, p. 132-133. *Les deux dames de Joyeuse.*

que criminels. Pour lequel ravissement et rompement de sa maison, après l'arrivée du Roy en cette ville, il en a fait informer par le juge ordinaire du bailliage audit Argentan, estant au greffe (1).

Guillaume Auvray, receveur de tailles, eut aussi sa maison incendiée par les Ligueurs (2).

Henri IV, à son avènement, trouva ses principaux auxiliaires parmi les gentilshommes catholiques qu'il avait su gagner par ses qualités éminemment françaises, par son grand cœur, dégagé de tout esprit de secte et de coterie ; généreux par nature, élevé dans les camps et sachant se faire adorer du soldat. Ils furent bientôt suivis par tous les esprits sages et modérés, lorsqu'ils purent apprécier le caractère du Béarnais. A leur tête il faut placer le vénérable prélat qui, depuis vingt-cinq ans, gouvernait le diocèse de Sées et qui, comme on l'a vu, avait éprouvé personnellement la fureur des Calvinistes. Il n'avait d'ailleurs été pas mieux traité par les Ligueurs, et loin d'avoir tenu alors une conduite équivoque, comme l'insinue Odolant Desnos, son attitude avait été des plus courageuses et digne d'un véritable évêque. C'est ce qui résulte du témoignage du P. Marin Prouverre, religieux du couvent des Dominicains d'Argentan, auteur d'une *Histoire ecclésiastique du diocèse de Sais*, écrite au commencement du XVIII<sup>e</sup> siècle :

Pendant ces troubles sanglans, qui excédèrent en désordres, confusions et inhumanitez, tous ceux que nos devanciers avoient veuz, ce bon evesque ne voulut jamais quitter sa maison, ni abandonner sa ville de Sais qui, pour estre sans forces et deffenses, estoit contrainte d'ouvrir ses portes aux premiers qui se présentoient ; aymant mieux exposer sa personne en péril pour assister ses habitans et ses bons amis de son autorité et de sa présence que de se garantir en se retirant en quelque bonne ville ou maison forte de ses amis, ce qu'il eût pu faire en liberté de conscience.

Comme donc ceste ville estoit ouverte aux premiers qui l'occupoient, une troupe de Ligueurs, diray-je plutôt de voleurs, puisqu'ils estoient sans aveu, se retira là pour n'avoir de retraite plus commode dans le païs. Or, il arriva, comme tout ce qui estoit possible estoit loisible, qu'un nommé Pont-Hébert, avec quelques autres gens de sa faction, sachant que la maison de ce prélat estoit riche et abondamment fournie de toutes commoditez et principalement de bons chevaux, entreprit de la forcer et de les enlever. Les serviteurs de la maison luy résistèrent et voulurent l'empêcher d'y entrer ; mais ces barbares, entrant à la force, en tuèrent quelques-uns, blessèrent les autres et pillèrent cette maison épiscopale, faisant tous actes d'hostilité comme ils eussent fait sur l'ennemy.

Ce bon prélat, voyant sa maison prise, sortant d'un cabinet, se présente devant ces impies, se met à plaindre la mort et les blessures des siens, et peut-être que la douleur luy arracha quelques paroles libres contre l'insolence de ce barbare, barbare vrayment je le nomme, puis-

---

(1) Archives de la fabrique de Saint-Germain-d'Argentan, B. 3, l. 3.
(2) V. Des Diguères. — *La vie de nos pères en Basse-Normandie*, p. 47.

que sans avoir esgard au mérite de ce personnage, à son antiquité et dignité et à la crainte de Dieu, qui dit que celui qui touche à ses oincts, blesse la prunelle de ses yeux, il lui donna plusieurs coups de la hante d'une hallebarde qu'il tenoit en sa main. Ce prélat, bien que *magnanime et courageux*, voyant qu'il falloit céder à la violence, quitte sa maison et se retire chez M. de Chailloué où il passe quelque temps. Mais ce qui est digne de louange en cette action, est qu'ayant le moien de se ressentir de ceste indignité, voire autant importuné par ses amis d'en faire faire recherche, il n'y voulut nullement entendre, ayant autant de pouvoir de se vaincre soi-même que le désir de pardonner à ces insolents qui l'avoient tant indignement traité.

Louis de Moulinet fut envoyé comme député du Clergé aux Etats de Blois, en 1588. Il put entendre les représentations qui furent faites à l'assemblée sur l'état d'anarchie du royaume. Sa grandeur d'âme, dont on vient de voir une preuve si remarquable, sa haute sagesse, l'avaient mis à même d'apprécier l'esprit de Henri IV et ce qu'on pouvait attendre de lui pour le rétablissement de la paix civile et religieuse. Aussi fut-il un des premiers, parmi les membres du clergé, à se rallier franchement à lui et eut-il la plus grande part à la délicate affaire de l'abjuration. Cette attitude est d'autant plus remarquable, qu'il avait alors contre lui la plupart de ses chanoines qui avaient donné leur adhésion à la Ligue.

Dès la fin de décembre 1588, Henri III en présence du soulèvement général provoqué par l'assassinat du duc et du cardinal de Guise, avait fait un accommodement avec le roi de Navarre, son beau-frère et son héritier présomptif et avait envoyé à Alençon le duc de Montpensier, lieutenant-général de Normandie, pour rallier tous les gentilhommes qui n'avaient pas adhéré à la Ligue et qui avaient conservé leurs sympathies au petit-fils de leur bonne duchesse, Marguerite d'Angoulême, reine de Navarre. Le 4 janvier 1589, Montpensier se rendit à Sées, dont les portes lui furent ouvertes par l'évêque et par les bourgeois. Le 5, il en repartit pour aller à Ecouché, où il descendit à l'hôtel de la « Corne-de-Cerf », où l'on montrait encore, il y a peu d'années, la « chambre du roi. » (1).

D'Ecouché, évitant Argentan occupé par les Ligueurs, Montpensier se dirigea droit sur Caen, et défit en chemin la garnison de Falaise, commandée par du Touchet qu'il fit prisonnier. Après avoir pris avec lui quelques troupes, il revint sur Falaise dont il fit l'investissement.

Ici, nous rencontrons l'arrière-ban des Ligueurs, les Gautiers. Aux soudarts de profession vivant de pillage et de maraude qu'on appelait l'armée catholique, mais qui n'avait le plus souvent de catholique que le nom, vint se mêler à une masse confuse

---

(1) Odolant Desnos, *Mémoires historiques sur Alençon*, t. II, pp. 343, 344. — Alfred de Caix, *Histoire du bourg d'Ecouché*, p. 14. — Nous devons faire observer que M. de Caix place le séjour d'Henri IV à Ecouché, au mois de décembre 1589.

de paysans soulevés, véritable jacquerie qui porta la terreur dans la contrée et dont nous sommes forcé de dire un mot.

Entre Argentan, Falaise, Bernay et Verneuil existait alors une population nombreuse, industrieuse et riche que l'insécurité dans laquelle on vivait alors, les vexations auxquelles on était en butte, affola au point de se jeter tête baissée dans la révolte, à l'exemple et peut-être à l'instigation des gentilshommes ligueurs.

La famine s'était fait sentir à Falaise et aux environs depuis 1586. En 1587, elle augmenta et une épidémie s'y joignit :

Le simple peuple, dit une chronique locale, fut réduit en telle extrême povreté, que la plus grande partie ont quitté leur pays, pour aller mendier par villes et villages ; et c'étoit grand pitié de les voir tomber morts par les chemins.

L'auteur résume ainsi ses impressions sur cette fatale année : « Grande mortalité aux villes et champs, aux povres et riches, grands impôts, tailles et ruines. » (1).

Poussés à bout et pour se mettre à l'abri aussi bien de l'oppression des huissiers des tailles, que des entreprises des gens de guerre, les premiers venant saisir et vendre ce que n'avaient pu enlever les seconds, les paysans finirent par prendre les armes. Ils choisirent d'abord pour centre de ralliement la Chapelle-Gautier, près d'Orbec. De là le nom de Gautiers qu'on leur donna.

Dans les commencements, dit l'historien Auguste de Thou, ils s'étoient tenus seulement sur la défensive. Ensuite, leur nombre s'étant accru, ils osèrent agir offensivement et ils attaquèrent les partis qui alloient au pillage. Un soldat d'un de ces partis étant tombé entre les mains des Gautiers, il ne resta pas le moindre vestige de son cadavre, les enfants et les femmes ayant poussé la barbarie jusqu'à boire le sang de ce misérable.

Bientôt l'exemple devint contagieux. Au son du tocsin, on voyoit tous les gens de la campagne s'armer, courir sus à tout ce qui avait l'air de soldat et se livrer aux plus horribles cruautés. Quelquefois, ils se trouvoient au nombre de plus de seize mille. A leur tête s'étoient mis depuis peu Brissac, Mony, de Pierrecourt, Longchamp, le baron d'Echauffour, le baron de Tubœuf, Beaulieu, Roquenval et plusieurs autres Ligueurs qui levoient des troupes pour leur parti dans les environs de Laigle et d'Argentan.

Au mois d'avril 1589, pendant que le duc de Montpensier assiégeait Falaise, les Gautiers, conduits par Brissac, accoururent pour secourir cette place. Le duc ne jugea pas à propos de les attendre et marcha à leur rencontre. Environ cinq mille d'entre eux avoient pris des logements dans les villages de Villers-Canivet (Calvados), de Pierrefitte et de Commeaux (Orne), arrondissement d'Argentan, et comptant sur la supériorité de leur nombre,

---

(1) Manuscrit de la Bibliothèque de Falaise, cité par Galeron, *Statistique de l'arrondissement de Falaise*, t. I, p. 124.

ils faisaient négligeamment la garde. D'Hémery, envoyé en reconnaissance par Montpensier, avertit ce général qu'il était facile de surprendre l'ennemi. Le duc tomba alors brusquement sur Pierrefitte avec toutes ses troupes. Les Gautiers se défendirent d'abord avec beaucoup de courage, mais le duc ayant fait braquer sur eux le canon, ce seul aspect répandit la terreur dans leurs rangs. Ils se renversèrent les uns sur les autres et l'on en fit un grand carnage. On marcha de là sur Villers où les Royalistes, ayant trouvé la même consternation et le même désordre, massacrèrent avec la même facilité tout ce qui s'y rencontra.

Plus de trois mille paysans furent tués dans ces deux villages, et le duc de Montpensier ne put s'empêcher de plaindre le sort de ces malheureux qui, ayant eu d'abord dès intentions raisonnables, s'étoient ensuite laissé aveugler *successivement par leur ressentiment particulier contre les oppresseurs et par la frénésie générale des Ligueurs contre le Roy.*

Comme la nuit approchoit, on différa pour ce jour là l'attaque de Commeaux. Le lendemain, le duc envoya ceux qui s'y étoient renfermés de mettre les armes bas. Beaulieu, leur commandant, voulant traiter avec les Royalistes eut l'imprudence de sortir du village sans avoir exigé des suretés ; il fut arrêté et conduit au duc. Aussitôt les paysans qui étoient sous ses ordres et qui composoient un corps d'environ douze cents hommes se rendirent à discrétion. Quatre cents furent condamnés aux travaux publics ; les autres eurent permission de se retirer, après avoir juré de ne point porter les armes pour la Ligue.

On fit quelques gentilshommes prisonniers, du nombre desquels fut le baron de Tubœuf. A l'égard du comte de Brissac, dès le premier moment de l'attaque, il étoit retourné à Argentan. Cette défaite qui arriva un vendredi 22 avril, non seulement affaiblit considérablement la Ligue en Normandie, mais dissipa totalement les Gautiers, qui depuis ne reparurent plus.

Tel est le récit d'Auguste de Thou que complètent et rectifient, sur plusieurs points, Masseville, dans *Histoire de Normandie* et Galeron, dans son *Histoire de Falaise.* Ils nous apprennent que les Gautiers avaient pour major général un nommé Vaumartel, qui fut tué à Pierrefitte, où à Villers-Canivet, où périrent plus de 3,000 Gautiers. Les survivants prirent la fuite, abandonnant leurs bagages à l'armée royale. Brissac, avec tout ce qu'il put ramasser de fuyards, se retira à Falaise, avec l'intention de s'y défendre. Montpensier n'osa entreprendre de les en chasser, et préféra abandonner le siège de Falaise pour anéantir les derniers débris des Gautiers, retirés à Vimoutiers, à la Chapelle-Gautier, et à Bernay.

Vimoutiers qui n'est qu'un bourg, dit Masseville, ne put résister longtemps. Il y en eut plus de mille de tués ; les autres furent faits prisonniers et on les remit en liberté en leur faisant jurer qu'ils ne porteraient plus les armes contre leur roi et qu'ils reprendraient leur métier de laboureurs.

A Bernay, la résistance fut plus sérieuse et la répression

terrible. Les habitants qui avaient pris parti pour la Ligue, crurent pouvoir résister, à l'abri de leurs murailles ; mais les assiégeants ayant fait usage de grosse artillerie, ouvrirent la brèche et donnèrent un premier assaut que les Gautiers repoussèrent. Au second assaut, après un combat acharné de quatre heures, les assiégeants entrèrent dans la place. Seize gentilshommes et environ cent soldats y perdirent la vie, du côté de l'armée royale, qui mit le feu à une partie de la ville. Les Gautiers furent partie assommés, partie écartelés. Ceux qui se rendirent à discrétion, eurent la vie sauve et purent regagner leur chaumière. Bernay eut encore à subir, l'année suivante, l'insolence des Calvinistes et fut en butte à leurs représailles. Ce fut une ruine pour cette ville et pour le pays.

Les derniers débris des Gautiers dispersés furent anéantis à la Chapelle-Gautier, leur premier lieu de rassemblement. Beaucoup de curés des environs avaient pris parti pour eux et s'entremirent pour obtenir leur grâce. Pilatre, grand chantre de la cathédrale de Sées, dans ses *Commentarii chronologici,* affirme que deux chanoines de Sées se trouvèrent parmi les prisonniers.

Quant aux Gautiers, qui s'étaient enfermés dans Falaise avec Brissac, ils réussirent à s'y maintenir jusqu'en 1590 et, furieux de leur échec, y commirent toutes sortes d'excès.

Quoique Henri IV comptât de nombreux partisans à Alençon où les protestants, d'ailleurs, étaient nombreux, Mayenne réussit à s'en emparer au mois de mai 1589. Il mit le feu au faubourg de Lancrel et fut introduit dans les murs de la ville par les principaux officiers du baillage. Le capitaine Renty se retira dans le château, mais fut obligé de capituler. Les habitants furent taxés à payer 40,000 écus, réduits à grande peine à 32,000, et furent contraints de jurer de vivre et de mourir tous pour la Sainte-Union.

Alençon ne put parvenir à se débarrasser des Ligueurs qui l'opprimaient. Il fallut qu'Henri IV vint en personne assiéger cette place et fit venir son artillerie du Mans. Il y entra le 23 décembre et y fut reçu avec enthousiasme.

L'armée royale se divisa alors en deux corps. Le comte de Soissons conduisit l'un sur Mortagne, Bellême et Verneuil. Henri IV, avec le corps principal, s'était rendu à Sées, où l'évêque le reçut très bien et où Gabriel de Vieux-Pont, seigneur de Chailloué, capitaine de cent hommes d'armes qui avait tenu pour la Ligue, vint lui jurer fidélité.

Henri IV se dirigea de là sur Argentan, que Brissac venait d'abandonner pour se retirer à Falaise et où il avait laissé trois cents hommes de garnison.

Les bourgeois, informés de l'arrivée du roi, ayant à leur tête René de Thiremois, avocat du roi, sieur de Hautenoe, forcèrent la garnison à se retirer et à leur remettre les clés de la ville.

Après le départ des Ligueurs, dit un chroniqueur argentanais, et malgré la rigueur de la saison, car on était alors au 24 décembre, les autorités de la ville, ayant à leur tête tout le clergé qui marchait processionnellement, allèrent au-devant du roi jusqu'à l'église Saint-Martin-des-Champs. Le curé (Jean Lemol, 1586-1616), le complimenta et l'accompagna jusqu'à la ville où le roi fit une entrée triomphale au milieu de l'allégresse des habitants « qui luy allant baiser les mains, luy offrirent leurs cœurs avecques le pain et le vin de ville du meilleur qu'ils avoient pu trouver (1).

On a pu remarquer que, d'après ce récit, Henri IV, quoique encore protestant, fut reçu solennellement par le clergé d'Argentan. Il paraît constant, en outre, qu'il assista à l'office de la nuit à Saint-Germain-d'Argentan où on lui offrit un cierge, suivant l'usage, et qu'il fit réveillon avec les bourgeois. Il passa dans cette ville la fête de Noël et n'en partit que pour presser le siège de Falaise. On trouve dans les comptes du trésor d'Argentan plusieurs articles qui servent de preuve à ces faits :

Le 23 décembre, par le commandement du seigneur gouverneur, donné 30 sols à un soldat, pour avoir ouvert et fermé la porte du château pendant la messe de minuit.

Payé 14 sols à Jehan Lecomte, pour un cierge de cire pesant cinq quarterons, pour estre donné au seigneur Roy, à l'église.

Le 27 décembre, payé à madame l'hôtesse du *Cheval Blanc*, 16 sols 9 deniers, pour neuf demions de vin clairet pour mettre en bouteille, pour dire les messes pendant que le Roy, nostre sire, estoit en ceste ville, en attente du siège de Falaise.

Comme il l'avait fait à Alençon, Henri IV, pressé par la nécessité de pourvoir aux dépenses de la guerre, dut lever sur la ville une imposition de 30.000 livres.

En reconnaissance du bon accueil qu'il avait reçu des Argentanais, aussi bien que pour les récompenser de leur conduite du temps de Charles VII où ils avaient bravement chassé les Anglais, le roi leur accorda des lettres de privilèges, exemptions, octrois de foires, et de marchés, etc. Quelques jours après, il établit dans leur ville l'exercice du jeu de l'arc et du *Papegaut* ou Papegay, qui a donné son nom à une des rues d'Argentan.

Quelques jours après (5 janvier 1590), Henri IV était maître de Falaise qui lui fut rendu par Brissac. Quant aux habitants de Domfront, ils s'étaient eux-mêmes débarrassé de leur gouverneur Jean de la Ferrière, baron de Vernac, qui y commandait pour la Ligue. Henri IV put aller attaquer Lisieux et remonter vers la Seine où il devait bientôt remporter la bataille d'Ivry.

Parmi ceux de nos compatriotes qui se signalèrent dans ces guerres, les historiens mentionnent en première ligne Jacques de Matignon, comte de Gacé et Jean-Antoine de Saint-Simon, marquis de Courtomer, qui prirent part à la défaite des Gautiers. A côté de ces noms illustres, il convient de donner place à des noms moins connus.

---

(1) Pigeon (H). — *Recherches historiques sur Argentan*, t. 3., p. 91.

Guillaume Auvray, dont on a dit un mot plus haut, avait trois de ses fils dans l'armée royale et qui contribuèrent, en versant leur sang, à la victoire d'Arques. (1)

Pierre Fortin, président en l'élection d'Argentan, fut anobli par lettres données à Saint-Denis, au mois de juillet 1593, en récompense des services qu'il avait rendu au roi. Il en fut vraisemblablement de même pour Philippe Marescot, anobli la même année (2). C'est encore pour services signalés rendus à la couronne, particulièrement pendant les troubles, que furent anoblis, par lettres données à Rouen, au mois de janvier 1597, François du Four et François son neveu, fils de Charles et petit-fils d'Aignan du Four, receveur du domaine du roi et de la reine de Navarre (duc et duchesse d'Alençon). Il y est dit que François du Four avait rempli les fonctions de grenetier au magasin à sel et d'élu en l'élection d'Argentan, de 1554 à 1587, et que Charles du Four, fils de Charles, lui avait succédé. Le roi ajoute :

Ayant esté aussi suffisamment informé de l'entière dévotion et affection que lesdits François et Charles ont portées au bien de nostre service et du public, avec troubles et divisions qui se sont esmeuz contre l'Etat de nos prédécesseurs et le nostre, durant lesquels lesdits François et Charles, portant les armes pour le service de nos prédécesseurs, suyvant nostre très cher cousin, le sieur de Matignon, maréchal de France, commandant en la Basse-Normandie. Et estant de retour en leurs maisons, en nostre ville d'Argentan, ont commandé sur les habitans pour la déffense et tuition de leur ville, contre les perturbateurs du repos public, laquelle affection fut encore continuée en les présens troubles, audit François estoit fils de Charles, qui ont assisté nos gouverneurs et capitaines d'Argentan, de leurs personnes, d'armes et chevaulx, pour s'opposer aux desseings et menées des rebelles, s'estant maintenus comme vrays Françoys, en l'obéissance qu'ils dvoient à la couronne de France (3).

Les services glorieux qui valurent à notre compatriote Loys Phelippe, sieur de la Chesnée, son anoblissement sont spécifiés de la façon la plus précise dans les lettres patentes qui lui furent données à Amiens au mois de septembre 1597 :

Deuement advertiz et certiorez des fidèles services que Loys Phelippe, sieur de la Chesnée, natif de la paroisse de Montpinçon, vicomté d'Argentan, bailliage d'Alençon, nous a continuellement faicts depuis quinze ans en çà, pour nous avoir assisté en la bataille de Coutras, et du depuis toujours porté les armes pour nostre service, tant soulz la charge de feu nostre amé et féal cousin, le duc de Montpensier, vivant nostre lieutenant-général en Normandie, au premier camp devant Falloize en la défaicte des Gaultiers et rebelles qui s'estoient eslevez et pris les armes contre nous, qu'ayant esté ledit Phelippe, pour la

---

(1) V. Des Diguères, ibid., p. 47.
(2) Ibid., pp. 158, 282.
(3) Archives de l'Orne. — *Lettres originales,* C. 752.

conservation du pays, commis par nostre dit feu cousin, à la garde du château de Courcy, que aultres services que depuis il nous a faicts, soulz la charge du feu sieur de Hallot, ès camps mis par nous devant les villes de Falloize, Lisieux et Honnefleur, s'estre trouvé en la bataille d'Ivry, sièges de Noyon et Rouen et en Bretagne, soulz la charge de nostre amé et féal, le sieur baron de Molac, ayant ledit Phelippe une compaignée de gens de pied en son régiment aux sièges de Hembout et Montcontour ; et depuis ledit Phelippe, lieutenant de la compaignée de chevaulx-légers du sieur de Bremantany, gouverneur de Chastillon, s'estre trouvé aux sièges de Crodron, Scorlais, Cortais et tous autres exploits de guerre qui se sont faicts en ladite province, pour nostre service, en tous lesquels ledit Phelippe s'est fidèlement employé et faict actes signallez et vertueux pour nostre service (1).

Les armes octroyées à la famille Phelippe, par ces lettres, sont: d'argent à la face trachetée de gueules, accompagnée en pointe d'une tête de lion arrachée de gueules, de la bouche duquel sort une flamme du même émail.

Au nombre des plus braves serviteurs de Henri IV, il faut encore citer Jean de Mallevoue, sieur de Chauffour, Saint-Vincent, Villeneuve et Aunay, d'une famille noble, originaire des environs de Vimoutiers, dont les titres remontent au commencement du XIIIᵉ siècle. Le 4 décembre 1587, François de Bourbon, comte de Saint-Pol, depuis gouverneur de Picardie, lui avait donné un passeport, mandant à tous capitaines et conducteurs de gens de guerre de le laisser passer avec ses chevaux, armes et bagages. Il continua ainsi à servir sous les ordres du comte de Saint-Pol, jusqu'après l'avènement d'Henri IV. Le 12 juin 1592, Marie de Bourbon, tante du comte de Saint-Pol, lui ordonna de faire faire les réparations nécessaires au moulin de Gacé et de ne pas s'éloigner de son poste, craignant que son absence n'y apportât du désordre. Le 19 mars 1590, le comte de Saint-Pol lui donna une commission de capitaine et gouverneur du château de Gacé. Le 28 décembre 1593, le roi lui manda par une lettre missive, signée de sa main, de rendre complètes les troupes qui lui étaient ordonnées, tant de cheval que de pied.

Jean de Mallevoue put produire plus tard, devant le Conseil d'Etat, trente-trois pièces d'écriptures, tant en papier que parchemin, justificatives des services rendus par lui au roi.

Tant en ses armées et au gouvernement du château de Gacé que autrement, et ce ès années 1587, 1590, 1591, 1592, 1594, 1596, 1619, 1620, 1623, 1626 et 1641, le dernier desquels est une attestation de M. de Métignon que le sieur de Saint-Vincent a esté trente ans ou environ mareschal des logis de la compagnie d'ordonnance (2).

---

(1) Cabinet des titres. — *Pièces originales*, vol. 2259, carton 51, 167. — Copie communiquée par M. Hippolyte Sauvage.

(2) Titres de la famille de Mallevoue.

C'est d'après ces titres, assurément glorieux, que M. Léon de la Sicotière a pu, dans son beau livre, le *Département de l'Orne archéologique et pittoresque* affirmer que, « pendant la Ligue, Jean de Mallevoue, gouverneur de Gacé, fit beaucoup de mal aux Ligueurs et conserva cette place au roi. »

Louis DUVAL.